www.tredition.de

AF178617

Latif Havrést

# Flügge Worte

**Gedichte**

© 2015 Latif Havrést
Umschlag, Illustration: Latif Havrést
Umschlag, Vogelmotiv: Vooria Aria
Lektorat, Korrektorat: Elisabeth Elsigan

Verlag: tredition GmbH, Hamburg

ISBN
Paperback     978-3-7323-6481-7
Hardcover     978-3-7323-6482-4
e-Book        978-3-7323-6483-1

Printed in Germany

Autor: latif.havrest@aon.at

# Inhaltsverzeichnis

# Über diesen Gedichtband

Diese Gedichtsammlung ist überwiegend zwischen den Jahren 1978 und 2014 entstanden. Sie enthält meine ganz persönlichen Gedanken, Gefühle und Stimmungen, die mich in diesem Abschnitt meines Lebens bewegt haben. Eine Wiedergabe verschiedener privater und öffentlicher Anlässe und Ereignisse in meiner unmittelbaren Umgebung und auf der ganzen Welt, die mich berührten und mein Gemüt erregten. Einige wenige Gedichte dieses Bandes (datiert mit 1977) sind Übersetzungen von Gedichten aus meinem ersten kurdischen Gedichtband.

Die Leserinnen und Leser meines Gedichtbandes finden manchmal exotische Namen von Personen, Orten und Landschaften, die Bezug zu einem Ereignis oder Vorfall haben. Diese Namen sind an gegebener Stelle am Ende des Gedichtes erläutert.

Ich hoffe, dass Sie liebe Leserinnen und Leser Gefallen an meinen Gedichten finden, und dass sie Sie innerlich bewegen, so wie deren Anlässe mich bewegten.

Ich wünsche Ihnen eine vergnügliche und anregende Lektüre mit meinen Gedichten.


Latif Havrést, Wien, Oktobber 2015

# I. Seelengeflüster

# Des Denkens Gerinnsel

Trüb.
Leiden! Schaft.
Leidenschaft.

In den trüben
Augenblicken der Leidenschaft
gerann der Schmerz
zu einem Blitz, durchwühlend
schwarze Wolken des Dahinscheidens,
komm Liebste,
reibe ihn weg!

Schmerz!
Ist die Anarchie
unserer Wünsche Wiedergeburt,
komm Liebste,
reibe sie lieb!

Wenn dir
der wilden Bienen Geflüster
vom in Schnee und Eis gehüllten Gipfel
herber Erinnerungen aus
summend zufliegen,
gib ihnen Kund,
sie mögen sich
in den Schneeflocken der über uns
schwebenden Frust umwälzen,
sie mögen den Blütenstaub
eines durchgefrorenen
Liebesschattens sammeln und sie
in den Schoß

der durchwühlten Wolken
des Perplex!Seins
treiben.

Von dannen sollen sie ziehen
in die Urweite des Alles-Schlingenden
jenseits der Regenböen
unserer Sehnsüchte,
damit sie wieder in Liebe und Leben
aufwachen.

Wien, Oktober 1977

# Gedämpfte Brise in dir

Kometen heimatloser Gedanken Welten
zogen durch Mysterien,
die in dir fehlten,
sie fingen in dir Träume auf,
die uns im Bund der Ehe
Fallen stellten
mit ihnen auch –
fielen die Stätte meiner Ruhe,
welche die Unruhe
unserer Geister quälten.

Kluftig zwischen uns
dehnt sich die Unendlichkeit aus
in die ewige Leere,
in das der Liebe Ruinenhaus
wie könnt ich denn, oh Graus
der Hitze deines ausgebrannten 'Selbst',
das alles Liebe abwälzt,
die Brise einer milden kosmischen Nacht
entgegen wehen lassen,
ohne dass die Sterne unserer Liebe
darin verblassen?

In den erloschenen Sehnsüchten
des ewig Nachdenklichen in dir
ist des Herzens Schreien
eine endlos sich ausbreitende Brache,
in der verstummte
unserer Liebe Sprache
übrigblieb bloß eine
emotionale Lache

das ist heute unsere Tatsache.

Entseelte Lächeln
im Fluss deiner Lippen
scharen sich tropfenhaft zu einem Meer,
welch beharrlich Wellen bitterer Unrast
aus deinem Starrsinn treibt daher,
ich jedoch die Zeit, verirrt
durch die Nachtsekunden
deiner Urwünsche.

O, wie sehr wünschte ich,
ein Kuss zu sein,
um zwischen deinen Brüsten
begraben zu werden.
O, wie sehr wünschte ich,
ein Wunsch zu sein,
der am Strick deiner Haare aufhängt.
O, wie sehr wünschte ich,
ein Schlaf zu sein,
der sich in deinen Augen
zu deinen Träumen verwebt,
doch lichtlos
verblasse ich in deinem
zykluslosen Un-Wollen.

Dein Schoß
die Sommerfrische gefrorener Zeiten,
und ich, die Energie
gedämpfter Hoffnungen,
die träge dahingleiten
durch niemands gelebter Harmonie.
So lass,
lass  den Regen,

den Regen meines Wollens Feuer
die Dürre deines Herzen tränken.
Begierde.
Deine Begierde nach Liebe
möge Glut sein
und mein Herz Esse,
deine Sehnsüchte
mögen Schwalben sein
und mein Herz ihr Nest,
deine Wünsche
mögen Sterne sein
und mein Herz ihr Himmel,
dein Wohlwollen
möge Millionen Menschen sein
und mein Herz ihre Heimat,
sei du mein Urplanet
und ich dein Universum.

Im Geiste der Zeit
in der Innigkeit
von Raum und Ewigkeit
bin ich ewig alt,
von dir doch entfernt galaxienweit
mit der Liebe festem Halt
gebe ich deinem Herzen das Geleit,
innig, sinnig, räumlich
bin ich ozeantief,
so komm und dehne dich
in meiner Sinne Dimensionen aus,
in mir beben zarte Gefühle,
so lab dich an ihnen zügig aus.

Eines Tages
entführe ich deine Gedanken,

dann kämme ich deine Flammenhaare
mit den Worten eines Gedichtes,
dann rüttle ich
die herbstlich gelaunten Stimmen
aller verlogen Liebenden
aus dem Baum dieser Zeit aus
ich rüttle sie aus,
    rüttle sie aus,
    rüttle sie,
    rüttle.

Wien, Dezember 1977

# Verstehe mich

Verstehe mich
Ich bin kein Wort,
das die Lichter deiner Augen
nach Umblättern herber Erinnerungen
radieren.

Ich bin kein Wort,
das die Feder deiner Wimpern
ans Kreuz der Zeiten legen.
Ich bin Buchstabe, Sprühregen
tosenden Wasserfalls der Laute
durchwandere die Meere,
Ozeane der Herzen,
und suche nach dir.

Du Frau,
die du dich in mich eingelesen hast,
flechte mich zu einer Halskette
aus edlem Traum,
trage mich um deinen Hals,
ich Sinne, Geist, Gefühl,
ich Mensch,
sehne mich so sehr nach dir.

In mir – wacht der Wunsch auf,
in der Sonne Gebärmutter
das Kind-Glück
unserer Erinnerungen wiegen zu lassen.
Ich will Vater sein
für ein nicht geborenes Wort
Regen sein für einen ewig

herum wandelnden Frühling.
Vielleicht begreifst du,
was die Nacht ist,
vielleicht begreifst du,
wer die Nacht ist!

Die Nacht
ist Hinterhalt und
hat Geheiß,
den Tag zu fangen.

Die Nacht ist Medizin
für den Augenschmerz
der leise flatternden Laternen
in meiner Dörfchen Liebe.

Die Nacht,
sie ist das Zelt
über dem Glühwürmchen-Schwarm,
der dem Reisenden in mir,
den Weg leuchtet,
der Tag jedoch
ein Heer, das
gleich dem trojanischen Pferd
Milliarden Lichtsoldaten in sich verbirgt.

Deiner Augen Laternen
an deinem Fenster zur Welt
flattern wehmütig,
sie finden im Schmerz die Ruhe,
die Glühwürmchen jedoch
funkeln heiter
und der Passant in mir
traumwandelt weiter.

Eine Brise,
an der Schwelle
der heutigen Herbstnacht
ließ das Laub meiner Gefühle
in deinen Schoß flattern,
damit du es liest.

Das Laub erzählt:
Der Tag sei ein Mysterium,
welch Leben in sich trägt,
er sei der Keim aller Gefühle.

So verstehe mich,
wenn die Wellen eines Lächelns in mir
gegen den Strand deines Herzens stoßen
und Selbstmord begehen.

Verstehe mich,
wenn ich die Stimmbänder meiner Kehle
herausreiße, und meine Lippen
des Wortes Tod
den Garaus machen.

Wien, April 1978

# Sehnsucht

Lass mich in deinem Herzen nisten
gleich der Sonne, die im All rastet
deine Liebe soll meine Seele trösten
wie die Wonne, die den Geist tastet.

Lass mich deinem Herzen der Puls sein
durch deinen Körper kräftig strahlen
deinen Augen das Licht und der Schein
in Strähnen in deine Welt fallen.

Lass mich deiner Träume werden gewahr
ihre lebhafte Landschaft durchwandern
bannen darin jeden Trübsinn, jede Gefahr
auch die farbenfrohen Fallen von Oleandern.

Graz, Juli 1982

# Frühlingstag

Ich lausche deinen Gedanken
du süßes, summendes Bienchen
wispre deine Liebesmission
ins Ohr der seligen Blütchen,
die am Tage Gottes Passion
in des Herzens Ozean sanken.

Ich rieche den Cocktail eurer Düfte
Ihr, O Chöre bunter Blumen
tanzet nach der Symphonie der Winde,
die Hummeln durch das Feld brummen
zu den Blüten der alten Linde
und mein Geist – Nomade der Lüfte.

Die Sonne ergießt gleißendes Licht
steil herunter, streichelt die Wiesen,
das Bächlein plätschert hin beschaulich
dem Ufer wilde Rosen entsprießen
ein paradiesisches Bild, traulich
die Wonnen des Glücks einfach und schlicht.

Wien, Juli 1983

# Der Nachtreisende

Die Nacht
in meiner Reise zu dir
sachte vergeht sie in mir
stumm, schweigsam durchbracht
die schlaflosen Augen
durch des Traumes zaudernde Macht.

Begierde nach allem,
nach der purpurroten Dämmerung des Gemüts,
nach dem  hauchdünnen Sinn des Seins,
nach der  Sinnlichkeit der Sehnsucht,
verblasst in Wiedersehens endgültiger Hoffnung,
legt ihre letzte Ruhe nieder im Traum.

Wenn bald
das Heer einkehrender  Erinnerungen
Heuschränkengleich
ins Begierden Land schwärmt,
so weiß ich,
dieser Weg ist ein verbotener Trunk,
meine Füße dennoch
dem Weg zugeneigt,
tragen den Marsch in sich.

Oft sehe ich
die Leiche meiner Sinne
schwimmend
im Strom der Angst
und der Gedanke an dich
treibt mich vorwärts,
Ich werfe meine alten Gedanken ab

gleich einer Schlange ihre Haut,
die Gedanken jedoch rebellieren
gegen meinen Geist, und
nehmen die Festungen meiner Seelenstätte ein.

Widerwillen,
nehme ich die Botschaft deiner Liebe entgegen,
wenn die Nacht von mir abgetragen wird.
Das 'Ich' in Dir
zerreißt den Kokon der Angstdämonen,
vor Lebhaftigkeit
strecke ich die Hand
nach allem Schlafenden,
ich sehe - alles, was in der Sänfte
der purpurnen Morgenröte zu dir reist,
unterstützt meine Einzelnen
und bildet mein Ganzes.

Eine Hand klopft an der Tür,
ich erwache erschreckt,
spüre, mein Körper ist ein Ruf,
dessen Echo gedämpft,
im Schatten der Halblebenden, Halbsterbenden
finde ich meine Aufgeschlossenheit
zu dieser Welt.

Wenn meine Hände
gleich dem Echo deines Rufes
die Haut abwerfen, und ich
den Pfad zu deinen Wünschen verliere,
so erkenne ich doch meine
mir fremd gewordenen Gefühle wieder.

Meine Augen, von Tränen erschwert,

die Angst in mir Zuflucht suchend und
mich in die Einsamkeit treibend,
dann trösten mich die Begierden in dir,
die Sorgen vertreibend.

Die Sterne schimmernd in der Nacht,
und die Reise zu dir
öffnen mir eine Tür
zu deinen Mysterien, damit ich
in den verschlossenen Klang deiner Stimme
eindringen kann.

Angekommen. Merke ich,
des Wortes Tod ist meines 'Ich' Tod,
die Schwingen der Erinnerungen
sind Hunger und verzerren
den betäubten Körper der Zeit;
so lese ich deine leblosen Gefühle aus
und begrabe sie in der Unendlichkeit des Weges.

Wenn uns die Augen des Weges lesen,
spüre ich, du verlorst in mir deinen Schatten
und ich bin die Ruhe eines deiner 'Ich',
das seit immer nie schlief.
Es schlief nie, und
die Frist der Nacht
ist mein Gedeihboden,
ich selbst Licht und Wache
entsende dir rege Gedanken,
damit sie dir kundgeben,
wie die müden Augen eines Liebenden
einschlafen können

Wien, Februar 1990

# Verständnis

Mein Weg zur dir
zieht Spuren hinterher
ich - Wanderer
erging mich in deiner Welt,
die sich spannt gleich einem Zelt
über alles Lebendige in mir
bedrückend mich schwer.

Deine Unlust bricht in mir nieder
raubt mir die Kraft zum Leben
nimmt mir das Streben,
was früher Schönes gewesen
wieder zu geben
die zarten Flüster-Lieder,
die flossen durch unsere Glieder.

Einsam
landen meine Erinnerungen niedergedrückt
an deiner Trübsal Strand
ich misse das, was uns einmal verband
dem Hafen deiner Liebe entrückt,
alles entzieht sich meinem Verständnis
brach über mich herein deiner Liebe Verhängnis
die Blüten unseres Glücks zerpflückt
voller Gram.

Palma de Mallorca, Januar 1996

# Selbsterfüllung

Nächtens.
Paaren sich Geist und Sinne
in der schlaflosen Eintracht,
bei Wein
und Bewusstsein.

Nächtens.
Trennen sich Körper und Geist,
der eine passiv,
der andere dreist.

Die nächtlichen Stunden
pochen an die
Pforte deiner Sehn-Süchte
und du, ein kosmischer Sog
gleich einem galaktischen
„schwarzen Loch"
verschlingst die Sterne,
die meine Wünsche in sich
verbergen.

Meine Begierden sind
Schlafwandler, sie
greifen nach dir,
um sich in dir zu erfüllen.

Der Nacht Fluss
treibt mich vor sich hin
zu deinen Träumen,
zum Ufer der

wachsamen Augen,
die Lidschlag um Lidschlag
die Morgendämmerung
beschwören.

Deine Begierden sind
Schlafwandler, sie
greifen nach mir,
um sich in mir zu erfüllen.
Der Tag Fluss
treibt dich in meine Arme
zu meinen Träumen
zum Ufer der nie schlafenden Sinnen,
die Lidschlag um Lidschlag
die alles in uns betören.

Wien, Februar 1996

# Die Ferne

Du bist mir so nah,
wie die Haut dem Körper
wie die Atemluft der Lunge
wie das Denken dem Geist
so schien mir es, so dachte ich
doch ich strecke meine Hand nach allen Seiten,
und ich kann dich nicht fassen
mein Geist strömt ins Unbewusste
und mein bewusstes Sein
versagt, dich darin zu finden.

Du bist fern, du bist die Ferne
und die Ferne liegt auf unseren Gesichtern
wie die Verheißung eines Gewitters,
und die Sühne
wiegt uns in den Wellen unserer Laster,
die wir in uns trugen,
und jetzt müde hinter uns herschleppen.

Die Ferne, die Weite, die Kluft
ziehen sich glorreich zwischen uns;
bei jedem
„schweren Schrittes Aufeinander-Zugehen",
glaubend von ihr wegzukommen,
hängt sie immer gleich schwer an uns.

Wien, Februar 1996

# Unreue

Planetengleich
ziehen meine Gedanken
geordnet ihre Bahnen
       um dich,
ohne Zusammenstoß
ohne Schwanken
permanent und raumlos
überwindend zeitliche
       Schranken.

Deine Anziehung kärglich,
dein Reiz ohne Anmut,
deine Hingabe kläglich,
dein Gemüt speit Unmut,
der Irrstern deiner sühnehaft
schwirrenden Unreue
zischt voller Gift und Glut,
doch meine Unbelehrbarkeit
kreist ihre Bahnen um dich
aufs Neue.

Deiner Launen
kometenhafter Schweif
getrieben und geblasen
durch den
Sonnenwind deines Unverstands
hinterlässt in uns
kosmischen Reif
zerfrisst alle meines Seins Phasen
erfordert mir
den vernichtenden Aufwand

meines Seelenbestands.
Nachlassend die Ordnung
meiner um dich kreisenden Bahn
zerschelle ich
an deines Starrsinns
       ewigen Wahn
ade das traumumwobene
       Gespann.

Wien, Februar 1996

# Außer Greifweite

Du bist hinter mir,
trüb aber klar
wie ein bleierner, matt geschliffener Kristall
und ich greife und begreife dich nicht einmal.

Du bist hinter mir,
außer Greifweite, und
meine schattenhaften Sehnsüchte
können sich nicht an dich schmiegen,
weil wir die Erinnerung
an ihre Verworfenheit verloren
und keine neue Gedächtnisabrufe
werden geboren.

Aller Reiz der Nähe ist
im Unreiz der inneren Distanz erfroren.

Wien, Februar 1996

# Beginn und Ende

Am Beginn meines ‚Ich'
stand ich voller Gestalt
im deines Schattens Hinterhalt
am Ende meiner Selbst
brach die Eiszeit deines Herzen
über mich herein
frostig und bitter kalt.

Wie sehr liebte ich dich
doch entseelt hast du mich
jeden Tag vom neuen,
und jetzt immer noch
pulsiert mein Herz kläglich
da deine Liebe mir zufließt
schimmerlos und kärglich.

Die Liebe tötet nicht der Hass,
wohl die Dummheit,
wer dumm ist, sieht nicht sehr weit
der Lebensweg führt nur
bis zu seiner Selbstherrlichkeit
ewig, doch nichtig ist in ihm die Zeit
er ist die Menschheit,
doch ohne Menschlichkeit.

Und du bist es, diese entblößte Seele,
die zur Neige trinkt
meine versiegte Liebesquelle.

Flammen speiend
an deiner tristen Hölle Schwelle,

rittest du auf meine
sanften Liebe Welle

Eisig Winter
hast werden lassen mein Herbst
verdrängt hast du mich
ans Ende meiner Selbst.

Wien, März 1996

# Falle

Du bist eine ewige Falle,
in die ich immer
von neuem ertappe,
in der ich fortwährend sitze,
aus der ich nicht -
herauszukommen vermag,
herauskommen will.

Immerdar bist du -
meiner Gedanken Nest,
aus dem meine Sinne nicht
ausschwärmen.

Mein Pol -
mein Ausrichtungspunkt,
zu dir ziehen es mich
süße Vergangenheitsmomente
        wie auch bittere
Gegenwartsakzente, und
über matt getönte Zeiten verteilte
Seelenfragmente.

Du bist meine ewige Falle
zu dir strömt
mein ausgeträumtes Glück, und ich
zu deinem
mir beschertes Unglück zerfalle,
bis ich an
deiner Seelen-Würge-Kralle
abpralle.

Du bist meine Fallgrube
zu dir zieht es mich die Tiefe,
die schwer in mir schliefe.

Unglück im ‚Du‘,
meinem Glücksbrunnen
spendet mir Trost glanzlos und trübe.

Wien, November 1997

# Armin

Dein Wesen, der Sanfte.
Das ewig Gewesene, Du
der Du mir zugeboren
In der Sänfte gehegter Sehnsüchte.

Leicht
schwebt meine Seele in Dir,
sanft
regt mich dein Sein
in den Lebenschatten zurück,
und Du der Wanderer in mir.

Wirrwind.
Was uns schwer peitschte,
hauch nah sich an uns rieb.
Trübes,
das sich um uns breite, ich
trage es in mir.
Es wich
und deine Liebe blieb.

Stark, ist wohl
dein Herzschlag mein Kind,
der in mir
zu werken beginnt.
Breit, ist
dein Lächeln um mich, und
mild und lind
wie der sanfte Morgenwind.

Es weht dahin, was gewesen an Schmerz,
Du das Licht, mein Licht. Bist da!
Blickst du mir in die Seele?
Blick!

Ich nehm dir, bei der Hand,
gleite dich
durch das Dickicht des Lebens,
Du und die Augen, die
aus Dir blinzeln,
die Nahen, wie Dich und Mich,
denen wachse ich zu.
Und wir lichten.

Wien, Juni 1998


* Gewidmet meinem Sohn Armin zum Anlass seiner Geburt am 27. Juni 1998

# Klanglos

Die Ruhe
in den Augen der Ewigkeit
flüsterte:
deiner Liebe Erinnerungen sind trostvoll.
Die Stille
in der Unheimlichkeit der Nacht
sagte:
die Stiche deiner Augen
Sind aber klanglos und hohl.
Ich selbst, –
verlorener Ruf
im Trauer vergessener Worte,
stolpere über
        die Schwermut des Gesprochenen ,
        den Trübsinn des Gesagten,
über die
        Tristesse  früherer Wege und Orte.
Und in mir
wächst –
leise, gedämpfte Stimme.

In mir und
durch mich hindurch
schwimmen durchgeistert
die Schreie eurer Schmerzen,
und aus ihnen
die Glückseligkeit erklimme.

Ströme - Feuer, Feuer - Ströme
fegen über die Dämmerung
meiner Freuden,

geben der Trauer Leichnam
das Geleit
und verschlingen die Vergangenheit
Schritt für Schritt
und jederzeit.

Wien, September 1998

# Abheben

dem Horizont entgegen,
schwebend über der Träume Wolken,
der Höhen wegen
gleite ich dahin
durch Wind und Regen.

Folge mir o Du, die du mir
am nächsten bist,
scheue nicht die Winde-Sausens-List
ich trage dich auf meinen Schwingen,
dem Glitzern der Sterne zu,
die uns –
den Widerklang dessen,
was in uns flackert,
entgegenbringen.

folge mir o Du, die du
die Tiefe suchst
ich bin die Tiefe,
und doch scheint in mir das Hoch,
das dir gibt
der Neugierde Lust,
hab die Angst nicht
vor dem Ungewissen, das dich
in sich auflösen will.

Ich bin es, das Ungewisse, das
deine Ungewissheit bricht,
ich bin es,
der schenkt dir Wärme und Licht,
breitet dir auf das Leben die Sicht.

Folge mir,
werde eins mit mir, in mir
ehe ich mich in dir verlier,
vor uns liegt die Unendlichkeit,
umarmen wir sie jetzt und hier.

Wien, Januar 2008

# Schattenloses Selbst

Am Ende meines Selbst
erwachte ich zum Anfang meines 'Ich'
wie sehr liebte ich dich
doch du zogst herab
unser Leben gründlich
und gabst mir den Rest.

Jeden Tag
versteckt hinter deinem Schatten
verschleiernd deine farblosen Taten
hast mich gelockt in deinen Hinterhalt,
wo lauerte Lieblosigkeit bitterkalt.
Eiswüste in mir
hast hinterlassen mit einem Schlag
reich an Schmerz, Leid und Plag.

Heute noch,
rieselt freudlos
dein schattenhaftes Selbst
aus meinen Wunden,
vernichtend verdrängst du mich
in das Ende meiner Selbst
wenn du in mir den Traum
von einer verlogenen Liebe weckst.

Wien, Oktober 2013

# Lieb!Ruf

Komm!
Die Jahre,
die Ewigkeit haben
dich in mich eingenäht.

Komm!
die Winde
haben dein Wesen
in mein Unwesen geweht.

Komm, und
lass uns zu einer Brise werden -
eine Brise, mild und vertraut
vertraut -
wie Biene und Blütenstaub,
ein Lufthauch,
der sanft um uns staut.

Komm und sieh
die Jahre, die Ewigkeit, die gleiten dahin
zu uns,
in uns,
wie die Mauersegler
zur Zugzeit.

Geh,
geh aus dir raus, und -
sieh, mein Ich,
mein ganzes Ich hat
dich so sehr nötig,
wie die Nacht die Sterne,

die Bäume das Laub,
der Odem die Luft,
der Brunnen das Wasser,
das Fenster den Ausblick,
der Regen die Wolken
so sehr habe ich dich nötig.

Wien, Juli 2014

# Liebesheimsuchung

Deine Liebe,
schier Heimsuchung.
Dein Lächeln,
gar Hinterhalt,
von wo sie mich überfiel, und
begann sich in mir zu entbreiten.
Von allen Überfällen des Lebens
war mir das der
liebste Überfall aller Zeiten.

Mich dir öffnen, hab ich gewagt,
deine Zuneigung hab zugelassen,
in schwanken Gemütswellen
wogte ich dir zu unverzagt.
Wonne,
    Frohmut,
        Behagen.
Sonne,
    Glücksflut,
        im Einklang und Vertragen
        bar jedes Klagens und Entsagens.

Deine Unliebe.
Salzig-bitter, wie
des Meeres sommerlichen Sanddunst,
setzte sich an meiner
inneren Abwehr Mauern nieder
mit Innbrunst
deiner zügellosen Ungunst.

Deine Unliebe.

Schnitter, eilend herbei -
Niedermähen die lieblich Lieder,
die wir einst gemeinsam sangen.
Stutzen hast du meine Gefieder,
die sich um deiner Liebe Gunst schwangen.

Woge,
    unbändig,
        unaufhaltsam.
Prologe,
    inständig
        die ich langsam wahrnahm
        im Drama unserer Liebe,
        das unglücklich zu Ende kam.

Wien, August 2014

# II. Wortefluss

# Sumpf

Ach du, dieser zum Tode trübe Sumpf
ich fühle mich dir gegenüber leer
doch sehne mich nach deinem Lichten sehr
der Götter Wille ist nur dazu dumpf.

Du bist Krankheit und der Kranke,
der du dich auffrisst von innen heraus
gleich umtriebiger Unkrautranke
umschlingst alles und saugst den Saft heraus.

Missgunst, Gewalt, leidvolle Kriege
sind Treiber deiner tragischen Laufbahn
das legst du den Menschen in die Wiege
als Lebens ewigen Aufgabeplan.

Mächtige, skrupellose Diener
bringst du hervor für deine Zwecke
die am Leid anderer Verdiener
geleiten dich auf deiner Strecke.

O Mensch, Tausende Jahre Geschichte
waren dir keineswegs Lehre
Immer wieder machst du zunichte
alles was kommt dir in die Quere.

Auch die nächsten tausend Jahre
würdest du vielleicht Kriege führen
Fehlverhalten vererbst du als Vorfahre
dafür wird dir kein Ruhm gebühren.

Graz, Juli 1982

# Strom der Zeit

Bewegte Worte in mir
fließen in einander
und in der Mitte meines 'Ich'
entspringt der Strom der Zeit
darin -
schwimmt mein Schatten davon
zur Menschlichkeit der anderen,
zur Ewigkeit der Welt
dann finde ich mich in dir
„o du Welt" wieder
und beginne zu den Dingen wieder zu schmelzen,
die in mir
erneut in einander fließen.

Palma de Mallorca, Januar 1996

# Raum

Der Raum stieß mich zurück
er nahm mich nicht auf
mein Widerstand zerfiel
in tausende Atome des Schweigens
verfloss in ein tosendes Meer der Stille
ich suchte einen Schleichweg in den Raum
seine abweisenden Blicke jedoch
folgten mir überall
sie bewachten das 'Nichts' im Raum
das 'Nichts' war für mich 'Viel'
und ich suchte immer noch
den (Um)Weg in den Raum
die Leere zwischen uns verfinsterte
der Raum verlor mich aus der Sicht,
ein heftiger Sog entriss mich dem Augenblick,
wirbelte mich in das
schwarze Loch der Ewigkeit
geschleudert wurde ich in den Raum
nun sein Widerstand
zerfiel in 'Nichts'.

Palma de Mallorca, Januar 1996

# Zeit – die unendliche Leere

Es kam die Zeit,
wo es weder Tag noch Nacht,
weder eine Jahreszeit noch Harmonie,
weder Heiterkeit noch Traurigkeit gab,
es herrschte das Nichts in seiner Unendlichkeit
und mich ergriff die Angst,
Angst vor meinen Erinnerungen
sie bildeten in mir
ein einziges Element
gedämpft und herb
doch schlicht und vertraut wie
Wasser, Luft, Licht oder Feuer
sie erwachten zu einem dumpfen Leben
mein Gesicht wurde ein bleicher Fleck,
der im Nebel schwamm
die Zeit, die Unendlichkeit
zog sich Mauer gleich durch mich
und ich ging durch sie hindurch,
um mich
mit mir wieder zu vereinen.

Palma de Mallorca, Januar 1996

# Ebbe und Flut

Visionen, Vis-Io-Nen
Gedanken, Ge-Dan-Ken
wogend überfluteten mich,
mit der Ebbe schwand dahin
meine Ruhe gemächlich
etwas Unbestimmtes, Unfassbares,
lastet auf die Nacht, den Tag
sowas wie ein Verstehen
ein Verstehen, das schon längst
sich hat verflüchtigt und
seine Sinnlichkeit verloren
meine Lippen, geschwollen,
bewegen sich zitternd
doch meinem Munde entspringt kein Laut
der Laut erstickt in seiner Lautlosigkeit
und der Weg in mir zu  dir
lauscht meinen Gedanken an,
um ein Lebenzeichen in uns zu finden
und sich dort hin zu erstrecken
der Weg, die Visionen und die Gedanken
verfließen sich zu einer formlosen Masse,
die im Dasein der anderen
Zuflucht sucht und findet.

Palma de Mallorca, Januar 1996

# Das Unding

Gealtert das Licht wie der Gott
grau-gelb, matt
scheint nieder auf zweifelhafte Dinge,
die zum heiligen Unding werden
der Strahlen Lanzen durchdringen
die verdinglichte Menschlichkeit in uns
und in ihr breitet sich
eine verbleichte Melancholie des Dingseins.

Zu den Dingen gehöre ich wie die Anderen,
die rebellieren gegen
das gealterte, vergraute Licht
seine Lanzen brechen an meinem Körper
ich entdecke in mir, in uns
ein neues Licht
das die Dinge durchdringt
und sie Mensch werden lässt

Palma de Mallorca, Januar 1996

# Wider das Moral

Da, wo vom Moral
nur der wörtliche Umfang übrigblieb
erhoben sie sich über
das Menschliche in sich
sie betrachteten es,
vom Schlaf gefangen.

Das Menschliche in ihnen
munter suchte, sich an sie zu schmiegen
sie stoßen es ab
es verwandelte sich in ein ödes Land,
das in die Unfruchtbarkeit sank
und sie wurden mit ihm krank
sie reisten durch die wandernde Leere
uns zu, ihm zu, ihr zu,
euch und ihnen allen zu
das ungeheure „Menschlichkeit-s-Gefühl"
spülte sie abrupt fort
und sie landeten im Reich der „Tierlichkeit"
behaglich, blühte ihnen wieder das Moral zu

Palma de Mallorca, Januar 1996

# Steinerne Gedanken

Tagein tagaus schweifen
ihre Blicke trocken dahin
versteinert strahlen sie aus
Medusas Antlitz,
ihr aufrechter Gang,
worauf sie so stolz sind,
scheint nicht mehr so aufrecht, wie sie glauben
ihr Verhalten, gezeichnet durch ihr Handeln,
düster und steinern wie ihr Blick
unvollkommen stempelt ihr Leben ihre Zeit;
rauchlos, lautlos, inhaltslos
qualmt ihnen das Denken aus dem Kopf
als Abbild Gottes auf Erde
werken sie göttlich grausam,
ihr Urteilsvermögen schwerfällig und lahm.

Can Pastilla, Januar 1996

# Giftgeist

Gift, in seiner Herrlichkeit
strömt durch unseren Atemzug
beschwert meinen Hauch
belädt deine Adern
bitter, herb
lähmt des Lebens wahren Fug.

Gift ist in uns.
Driften gleich
treibt es in unserem Geist,
und Du und Ich
sind Trug der Sinne,
wir wachsen aus einander,
denn das Gift uns
seinen großen Dienst erweist.

Unserem Sein
entblühen Algenscharren der Unliebe,
Widerwillen setzt in uns nieder,
wir sind geworden
zu einem trostlosen Meer,
in dem das Innerste langsam abebbt
und sich den Wogen
des Schmerzes hingibt.

Wir kehren zurück
zur gewohnten Leere in uns
zur Meinigen
zur Deinigen
begraben in der ewigen Stille,
die wir uns umlegen,

gleich einem bleiernen Mantel,
der uns aufzwingt seinen Unwillen.

Gift, Stille, Leere, Unliebe
bahnen in uns den Weg
zu unserer zwanghaften Freiheit.

Palma de Mallorca, Januar 1996

# Das Wort

An den Diskussionstischen
in den Kneipen,
bei den Tratsch-Runden
verlor ich ein Wort
es verirrte sich in die stummen Ohren
in die dumpfen Gedanken
in die müden Gehirne.

in mir trage ich das Kreuz,
    sagte das Wort
in dir sehe ich es unentwegt,
    fuhr es fort
in ihm spüre ich es wieder,
    redetet es entgegen
in ihr wird es lebendig,
    in euch allen, in uns allen
    wird es zu Brüderlichkeit,
    zu Schwesterlichkeit,
    zu Frömmigkeit
    sich gestalten.

Das Wort -
es verärgerte die Mächtigen, und
sie hängten es auf.

Palma de Mallorca, Januar 1996

# Wort!Urteile

Die Münder
lutschten die Worte,
ehe sie sie entschlüpfen ließen.

Sie lutschten und lutschten,
lutschten sie aus,
unbehaglich in sich hausierend
trugen die Worte Masken
aus handgreiflichen Äußerungen,
sie tauchten in das Unbewusste unter,
um das Bewusste
in das betriebsame Leben
zurückzuführen.

Den Mündern,
allem gegenüber gleichgültig
überkam die Neurose
der Gewalt,
sie redeten.
Redeten in eine Nebelwand

Die Gedanken,
misstrauisch sich belauschend
fischten die sie beschlichenen,
sich befremdlichen Gefühle, und
übergaben sie dem Gegenhall,
in ihnen trug sich verräterisches Hoch.

Es war 'Verwirrung',
die Krankheit der Nation
es war das 'Unverständnis',

die Dummheit der Saison
es war (Vor)Urteil,
die Gewohnheit und Mission
die zerquälten Gesichter der Worte
schmolzen in der Rebellion des Echos,
um alles und wieder nichts
in allem zu ergründen.

Wien, Januar 1996

# Freiheit

Die Gesichtszüge
verlassen ihre Antlitze
alle ihre Schuld
erstarren über ihnen
ihr alltäglicher, lächelnder Skeptizismus
liest in ihnen
ihre Heiligtümer ab
und ihr Gedächtnis
erklimmt die Stufen der Freiheit
eine um die andere
Freiheit von der Knechtschaft des Lebens
von jeglichem Glauben
von Familie, von Heimat
von Religion, vom Beruf
Freiheit für jede Verpflichtung,
und wissend,
dass man sich nie verpflichten soll,
darf,
werde.

Wien, Februar 1996

# Missmut

Missmutig
starren mich ausgefranste
Schattengedanken,
in einem tanzenden Fluss der Worte
suchen sie,
das unaufhörliche Geschwätz
meines Gewissens zu entgehen,
doch in Umsturz
aller meiner Empfindungen
fange ich ihre Blicke wieder ein und auf,
um ihrer Banalität
den eigenen ursprünglichen Eindruck,
den nonchalanten Grundzug
wiederzugeben.

Wien, Februar 1996

# Reductio ad absurdum

Ziel. Ziele –
nuancenlos verschimmelt
schlummern in uns viele,
Manches – erfüllungsresistent,
Manches – Geistesschwiele permanent.

Andere
konträr zu Anderer innigen Sehnen,
fatal in die Tiefen der Seelen
brennen,
sich Geschwüren gleich
in die Träume Ohnmächtiger dehnen.
Treiber skrupelloser Spiele.

Unsere Aller Ziele! sind nicht
unsere Aller Ziele!,

Reductio ad Absurdum.

Ziele!
Längst in ihnen verfallen,
Mächtige und Bemächtigte,
erhaben zum
vorgezeichneten Lebensdiktum,

Macht, Herrschaft von Gottes Gnaden
gepaart mit Gewalt und Grauen
gewoben von eigenen Faden.
Liebe, Glück, Wohlstand,
Arbeit, Ansehen, Ruhm
dem Leben einverleibte Monaden.

des Einens Zielerreichung
baut auf die
Unterwerfung der Anderen,
und der Anderen Sehnsucht-Ergreifung
gelobt die Bekämpfung der Anderen.

Symbiose
Von Ziel und Unziel.

Unsere Aller Ziele! sind
unsere Aller Ziele!,

Reductio ad Absurdum.

Und im Ziel
gebar einst das Unziel die Ödnis,
die der Sonne
aus metalisch kalten Augen
ins Antlitz blickte,
und uns Menschen herabstrahlte.

Wien, Februar 1996

# Last

Die Last trüber himmel- und
erdengebundener Vergangenheit
trägt sich schwer
in die Gegenwart über,
sie gleitet der Zukunft entgegen,
fällt um die Zeiten nieder
und fängt sich wieder
auf –
ein blickloses „Nirgends Sein"
gräbt sich zum Jetzt hierdurch
und versengt die Welt
in der Hitze der Menschheit und
des Menschseins.

Wien, Februar 1996

# Eins Werden

Ohne Laut,
Ohne Klang,
gleich Echo's schriller Drang
gleite ich zu dir.

Deine Stimme
dringt durch mich hindurch,
schattenlos
reise ich dir entgegen.

Dein Licht geht in mir auf
Echo und Schatten
schmelzen in einander
und werden eins.

Ohne Gestalt,
ohne Halt,
mit aller Gewalt schallt
das verblasste Lied
unseres Eins-Seins
überall geballt
bar jeden Zaubers,
düster und kalt
vernebelnd die Eintracht
im Lebens ewigen Hinterhalt.

Ohne Lust,
voller Frust
auf unserer aller Brust
rieselt die
Asche ihres Glücks

satt an eurer Unglücks Dunst
der Rest ihrer Gier's Feuerbrunst
ewiger Durst.

Wien, Februar 1996

# Von Sinnen und Lüsten der Macht

Zu Beginn des Weges
stand der Gedanke,
der sich ihrer bemächtigte.

Am Ende der Bahn
stand die Tat,
die ihrer harrte.

Gedanke und Tat.
In ihrer Vermählung Zugeknöpften
Feierlichkeit
gingen sie schweren Fußes
über lebendige Leichen.

Ihre von
jeglicher Farbe verblößte Seelen
bohren und graben sich
in die Lüste und Launen
aller Sein's Quellen,
blasen in die Ödnis
dröhnenden Posaunen.

Schmerz, Raunen,
die alle Sinne quälen,
der Träume hohen Türme fällen
den stummen Schrei
der Betäubten schwellen.

Lichtsäulen der Macht
wirbeln Staub nichtssagender
Lippenbekenntnisse empor,

locken keine Reue hervor
geistern und wirken
zerstreut im Lichtkreis der Nacht
sie verlieren  jedoch
irgendwann die Schlacht.

Wien, Februar 1996

# Qual

Gequellte sind sie, und
sie lieben ihre Qual, denn
sie brauchen eine vertraute Wunde,
die sich in ihr Schicksal verstrickt.

Ihnen selber,
uns, und
den anderen fremd
lassen sie sich den Peinigern
zuwachsen, um
aus ihrer unzüchtigen Reinheit
einen stummen, Richter ihrer Taten
zur Qual,
zu uns und
zu sich selbst
herüber zu wiegen, der
einen stummen Schuldspruch
erteilt.

Wien, Februar 1996

# Von Sein und Seienden

Das Sein -
das Seiende,
das Gewesene
wie eine Sense in uns dringend,
seit sie zu Damals
zu Heute und zu Morgen
gebieterisch uns zuknospten;
wie ein Berg uns erdrückend,
seit sie vulkanisch
in das Nichts,
das Nichtige, in uns
flossen und gruben;
sie tragen und wiegen uns
wie ein Meer zum Nichts,
zur Nichtigkeit,
wo das Sein
wieder zum Seienden, und
das Seiende zum Gewesenen
Lavaartig ihr Wesen treiben.

Wen, Februar 1996

# Gefallene Winde

Am Strand
zu den Gestirnen,
da wo die sanfte Zunge der Flut
den Sand deiner Träume leckte,
da wo mein Atem
die gelben Wolken deines Hauches Blütenstaub
um die Erde lenkte,
erstarben uns die Winde,
die uns hätten schweben lassen
über die stummen Gelächter der Wogen.

Ich schwamm hinaus aus der Welt,
in die Welt
zu den Lebenden,
den Sternen,
erkaufte mir einen Hauch und
der wehte noch der Sonne entgegen.
In den Staubfaden der Gestirne
klagten uns die Dinge
mit ihren versteinerten,
verstaubten Stimmen;
in Ihnen ist der Wind
als Widerschein des Seins,
als Ausflucht
wiederauferstanden.

Wien, Februar 1996

# Un!Freiheit

Der Freiheit Sklaven
sind wir alle,
schon am Tage der Geburt
tappten wir in die Hörigkeitsfalle
in uns nisten der Unfreiheit Larven
die unsere Knechtschaft entlarven.

Selbst die Freiheit
ist ergeben der eigenen Erhabenheit
weder Knecht noch Herr
werden der Freiheit zugeboren
entblößt und leer
sind sie in ihren Lastern verloren.

Der Fesseln der Freiheit
haben sie sich
im Mutterleib entledigt
der Ungeist der Zeit
hat ihren Drang
nach Zwang
nicht befriedigt.

Gott hat am Altar ihrer Seele
das Unlob gepredigt
und so bleibt ewig
ihr Verlangen nach Unrecht nicht gesättigt
und ihr Trieb zum Unfreisein nicht gewältigt.

Sie entschlüpften ihrer Kindheit,
krochen aus ihrer Jugend heraus
sie hatten kein Alter mehr, und

verloren ihren Schatten,
mit ihm auch sich selbst,
die Freiheit stürzte auf sie herab,
bannte ihren Geist in die Unfreiheit
und sie erstarrten
in ihrer Passivität.

Wien, Februar 1996

# Verlorene Worte

Worte,
die meiner Brust entwiechen,
formten meine Zunge im Vorüberfliegen
zum in sich ballenden Wortverbund,
sie schwammen der Welt zu,
deiner Welt!

Lautlose Silben
schrien gepaart mit Nachhall
unausgesprochene Worte heraus,
sie gruben und gruben
und sie gruben sich
deiner springenden Seele entgegen.

Dort verloren sie sich
in der Sich-Vergrabenheit
der stets Vergrabene,
doch fanden sie das Wah-
                    Wahr-
                    Wahre
deines Seins,
deines 'Ich'

Wien, Februar 1996

79

# Schweigen

Seelenringend
weicht des Schweigens Meer
vom Verlorenen zurück;
O du Schweiger,
die Quelle deines kristalltrüben Echos
versiegt auf ihrem Weg,
die Steine und die Felsen
rollen weltabwärts aus deiner Bahn;
die Erde
zerbröckelt zögernden Willens
unter deiner lärmenden Last,
das Geschwiegene
dampft dumpf und echoreich
zur unserer Verlorenheit auf,
das Verlorene,
das Der-Welt-Zugeboren-Sein, und
die Entschuldigung für unser beider Dasein
laicht in uns erneut und wieder.

Wien, Juli 2014

# Gerede

Von der Tiefe,
von der froststarren Stille,
die dort und allerorts
über den Gräbern ihrer leblosen,
doch vor sich hin blickenden Gesichter lagen,
davon redeten sie -
und davon träumte es ihnen.

Auf die Dauer
fassten sich ein, in dicken
Geistlosigkeitsmauer
ihr Wesen
auf der Lauer, immer rauer.

Sie hüllten sich
in ihre Trauer
wie in einem heiligen Mantel,
beweinten ihre geglaubte Seligkeit
verirrt zwischen
Niedergang und Wandel
der Sprachlosigkeit,
erdrückt, verheert durch Zweifel
harrender Eintönigkeit,
die ihr Sich-Lösen von ihrer
Vergangenheit und
ihrer Gegenwart und ihrer Folgezeit
und ihrer Verlorenheit
abdrosselt.

Das Lug-und-Trug-Gefüge
ihrer Knechter, die selbst

einst geknechtet
zerbröckelt rasch in Massenrüge
des Gottes, der wie sie sagten,
das Netz in sich trüge
gleich Spinnen mit zerzupften Beinen
umwoben im Unrecht
und entrechtet strampeln sie weg
die Restpfeiler der Lüge.

Wien, Juli 2014

# Lautlos

Aus deinem verkohlten Blick
sprühen sich
verbrannte, lautlose Worte uns zu;
und wir, zur Lautflut uns erhoben
erwidernd den Schrei deines Echos,
bahnen ihm den Weg
in die Freiheit mit Schwellen.

Sie flattert davon, deine lustlose Laune
verstummt, verhallt, verebbt
in deren Gedankenschwalls Geraune
sinnentleert, ausgeräumt den Gehalt
Raum, prall mit ideenloser Vielfalt
die Wand, schallt
Worte ohne Gestalt,
strömend aus Mündern,
die dröhnen Gewalt.

Und du - bist gefangen
in deren engen Geistes Raum,
in ihrem seichten Komatraum,
ihrer Machtlust brausenden Schaum,
aus dem sie wachen kaum.

Und du - bist verfallen
in stilles benebeltes Schweigen,
die Welt, der deine Sinne zuneigen
ja nicht ansprechen,
was angesprochen gewollt,
des Verlangens Widerstand brechen,
bis dich dein letztes Geleit holt.

Und sie - in ihrer Beharrlichkeit versagt,
dich bis zum letzten Atem befehden,
dir die Seele und die Augen blenden,
bringen dich nicht zum Reden
und du und ich,
und du und wir
kehren in das Schweigen ein
übertäuben das Getöse erlittenen Pein,
sie übergeben dem Totenschrein.

Wien, Juli 2014

# Zeitfluss

Das Heute, -
das Heutige
grabt sich dem Gestern, -
dem Gestrigen
unter die Stunden.

Die Stunden des Gestrigen
rebellisch schwimmen,
rebellisch flattern
zum Morgen, -
zum Morgigen über,
um mit dem sündenhaften Messer unserer Taten
die Vergangenheit
in dir einzuritzen,
du Kurdentum.

Wien, Oktober 1996

# Auferstehung

Uns taten sich Worte auf.
Wort, Wörter,
Worte schweifend hin
an galaktische Örter,
zum alltäglichem Geschwafel-Lauf
die Sinne tasteten sie,
der Geist hauchte sie leise aus,
die Lippen fassten sie,
die scharfen Zungen
spien sie aus, und die anderen
dort im Prunkturm, in den Medien
verkrüppelten sie zu
untauglichen Aussagen
zu tödlichen Berichtsplagen.

Dem Licht
den Hang zur Sonne haben sie verleidet,
es fortgejagt -
ins Reich der Irrsicht.

Gestern floss ins Heute -
Heute gleitet dahin in den Morgen, und
das Wort, verknechtet
im Schatten schwellender Reden
entfesselt sich doch,
und das Licht
erwacht noch -
und sengt des Knechter-Herzens Kehricht.

Das Licht - es öffnet
sein verholztes Herz,

lässt die Worte hinausknospen -
und die Worte
tun sich wieder auf,
aber nicht ihnen,
sondern euch und uns
in unversehrter Auferstehung.

Wien, Oktober 1996

# Untermacht

Ihr, in eurer Übermacht,
Ihr habt uns
an die „Untermacht",
an die „Ohnmacht" verloren.

Himmelschlucht begräbt uns in sich,
für euch unanfassbar
in den Abgrund verworfen sind wir,
wenn Ihr uns holen wollt.

Flammenringe uns umringen,
sengen wir euch, wenn
Ihr zu uns gelangen wollt.

Wir wandern, wir wandern
in die Zeit, in die Un-/Endlichkeit
und Ihr geschleudert in Nichtigkeit.

Wien, Oktober 1996

# Namenlos

Keinen Namen habt Ihr mehr,
den habt Ihr nie gehabt,
Kein Name hat euch je gehabt,
je begehrt,
je beehrt,
weil die Ehrlosigkeit
zuweilen mit euch schwer
ist in das verlogene Wort
gesenkt, darum denkt!
verbannt seid Ihr
aus der Landschaft der durch euch
verschwundenen Seelen.

Wien, Oktober 1996

# Umkehr

Der Sonne
herabfallenden Lichterhaare
kletterten wir zu,
um Gottes Wort zu empfangen,
weil uns der Gott
weit, weit fern stand.

Der Gott stieg nicht
herunter zu uns,
zu den Wolken
bei unserem Abwenden,
er wollte uns nicht
Trost spenden,
unsere Elend nicht beenden,
er wollte nicht seinen Segen
an uns verschwenden.

Von allem Unrecht
stießen wir das Gerechte ab,
in die Weite des Seins,
in die Distanzen des Tuns
in die Instanzen des Menschlichen,
bis dann die Un!Taten
des Tatlosigkeiten-Heers
Bumerangen gleich
in schleudernder Umkehr
uns durch das Verderben
schoben umher.

Verschwunden ist die Zeit,
als die Jahre

noch Kanten hatten,
und ein jedes
seine eigene Farbe.

Verschwunden ist die Zeit,
als die Wünsche
noch Melodien hatten,
und ein jeder
seinen eigenen Duft.

Verschwunden ist die Zeit; nicht ganz
ich spüre es, sie lebt noch in mir
doch enger wird der Raum,
der verbleibt im Jetzt und hier.

Wien, September 1997

# Entwendeter Kuss

Die Ewigkeit in dir, alles in ihre
kosmische Dimension verschlingend
wirft mich in ferne Bahnen,
ich trete an
die Reise zu dir,
so denke nicht,
es sei mein Ende,
ich bin allem auf der Spur schier.

Nicht die Lanzen
deiner Blicke Strahlen
können blenden
meines Willens Augen.

Nicht die bis zur Unendlichkeit
ausgedehnte Leere deiner Zeiten
kann mich füllen mit ihrem Ruf.

Dämme aus Schädeln gespannt,
an der Tränen Strom
herzgebrochener Mütter gebannt,
halten mich nicht auf,
den gestohlenen Kuss der Ahnen
dir wieder zu entwenden.

Wien, September 1997

# Vollstreckung

Feurig.
Blutflüssig in ihrer Kehle
ertönt leise und andachtsam
das Weinen.

Ihre Gesichter
fahl, schemenhaft,
ihre Trauer lodert auf,
um den Sohnes Verlust.

Von Tränen umschleierte Augen,
Blicke des Vermissten, pixelreich
Schluchzend
In die Tiefe saugen.

Silbergerahmt
lacht des Sohnes Bild,
füllt starrend den Raum,
am Saum
zwischen Wirklichkeit und Traum,
rüttelt wach die Erinnerung mild.

Mama, o Mama - Ich bin's
ich bin hinüber,
das Leben dagegen ist
keineswegs vorüber.
Untat vollbracht,
Strafe vollstreckt nachtsüber
in unserem Haus.

o Schwester, o Bruder,

o Gattin - o das Ungeborene.
Die Täter.
Meine Stimme, meine Worte
schreckten sie,
dunkelten ihre Gedanken
trüber und trüber.
Schmerzhaft. Erinnerung:
Leben gedeihen lassen - des Seins Sinnstiftung
Seiendes löschen - Absurdum, Entsinnung.

Entsinnung,
Enttäuschung,
Ernüchterung,
entschlüpfte ihrer klagenden Stimmen.

Wien, November 2007

* Gewidmet dem kurdischen Journalisten „Káwa Garmyáni", der wegen eines
journalistisch kritischen Beitrags über einen korrupten Politiker, von diesem
ermordet wurde.

# Wille

Wenn du leben willst,
musst du den Sterben
in sein Nest gleiten.

Wenn du satt sein willst,
musst du den Hunger in deinem
Leib spüren.

Das dumpfe Hungerstöhnen
eines bis zum Knochen
abgemagerten Kindes aus dem
ausgedörrten Dunkel anhören.

Wenn du den Schatten des Krieges
an das Feuerkreuz der aller Zeiten
schlagen willst,
musst du die Rüstkammern
allerorts vernichten,
den Kugeln der Gewähre blenden,
die Kriegführenden dasselbe Leid
spüren lassen, wie ihre Opfer.

Wenn du willst, dass
Narzissen – gelb, weiß, grün
Friedensdufte versprühen,
musst du aus den Tränenströmen
aller Mütter Kurdistans
namenlose Tränen-Bäche zu den
verbrannten Narzissenfeldern
einleiten, damit sie
zu Friedensträußen

für die ganze Welt blühen.
Du musst
Angst und Schreck aus den Herzen
aller Kinder Kurdistans abtreiben,
die verwaisten Kinder,
die herzgebrochenen Mütter
von Gazastreifen trösten,
ihnen Liebe, Frieden und
Geborgenheit
geben und gönnen.

Wien, Mai 2008

# Paradoxon

Sie folterten,
weil die Gefolterten
Freiheit suchten.
Sie mordeten,
weil die Ermordeten
Frieden ersehnten,
das Leben wollten.

Sie ließen Bomben fallen,
weil die Dörfer und Städte
für das Leben büßen mussten.
Sie ließen Kinder zu
Waisen werden,
weil die Verwaisten
ob ihrer Ahnen Vermächtnisses
sich den Tyrannen
nicht beugten.

Sie nahmen
Vätern und Müttern
ihre Kinder weg,
weil diese
den Blinden unter uns
den Weg erleuchten wollten.

Doch als sie selbst –
die Tyrannen,
die Kriegsherren
an der Reihe waren,
winselten und jammerten,
feige entzogen sie sich

der Schuld –
der Schuldhaftigkeit,
gleich blinder Schlangen
krochen sie in den
Schatten der Schuldlosigkeit.

Wien, Oktober 2009

# Sein und Schein

„Alles" ist so wie es scheint,
nicht aber wie es zu sein vermag
in dem geglaubten Sein
drängt sich der Schein
uferlos
in die Lautlosigkeitspein.

Energetisch
verbinden Gleiches und Selbiges
seelenhafte Träume
zu unterschiedlichen Dingen,
zu getrennten Räumen,
die in der Schlaflosigkeit
der Massenmengen
ewig hingen
und hängen.

Zaghaft
verscheucht das Reale
die Zurückhaltung
des Bildhaften,
das in uns den Willen
in die Knie zwingen will.

Wien, August 2010

# Zuversicht

Blick nicht zurück
in das Damals,
aus dem die fahlen Lichter
zum Heute mutierten,
die Jahre tragen Unfrüchte ihrer Reue
über begangenes
und noch zu begehendes Unrecht.

Harre nicht im Jetzt der Dinge,
 die da stillstehen,
denn an deren Tagen und Stunden
haften die Laster von Jahrtausenden,
in denen der Dämonen Schar der heiligen Schriften
die Menschheit in Geiselhaft nahm.

Schau in die Zeit, die da kommt
die in das HEUTE entschwindet,
schau in die Geister unserer Kinder,
sie gedeihen
in Erwartung
blühender Welt von Morgen.

Wien, Februar 2011

# Andere Dimensionen des Seins

Im Fluch des Alltäglichen
in der Möglichkeit des Unmöglichen
in den Gebeten der Gottlosen
in der Ketzerei der Gottesfürchtigen
im Hoffen und Bangen der Nicht-Sorgenden
in der Gewaltbereitschaft der Friedfertigen
suchte ich nach etwas, das ich nicht kannte
fand ich etwas, was ich nicht ahnte
dimensionslos
etwas anderes als mich selbst,
doch darin finde ich mich ständig wieder.

Durchgetragen durch die Zeit
bewege ich mich
von Dimension zu Dimension
von Seele zu Seele,
Lebendige wie Tote
Wachende wie Schlafende
Rasende wie Ruhende, die
mich behauchen mit Stimme und Laut
mit Getöse und Stille
mit Gottes letzter Kraft
mit Lebens höchster Maut.

Übergetreten
von der NICHTIGEN Vorwelt
ins Diesseits
übernahm ich mit den Werdenden
den Keim des Todes,
überwechselnd
mit den Scheidenden

ins Jenseits
hinterlasse ich
für die DINGLICHE Nachwelt
die Blüte des Lebens.

Doch Ich bin ‚SELBST'
Ich bin die Luft, die Erde
das Licht, das Wasser
Feuer und Flamme
und die Sterne gebären in mir
ihr Dasein.

Wien, Februar 2012

# Wie Tag und Nacht

Wie Tag und Nacht
wechselhaft, stehen wir in harmonischem Kontrast
durch die Zeiten durchgebracht
die Welt widerstrebende Macht,
und ich – verbannt
in des Daseins Niedertracht
breche aus, zu dir
jenseits jeder gottesdienlicher Andacht.

Sternengleich
wachsen wir zu Fenster-Haufen,
groß, breit
Galaxien-Weit,
blicken wir auf
der Menschen hartnäckige Zerstreutheit,
weilen
in der des Tages starren Ewigkeit.

Wien, April 2013

# Tanzender Fluss

In einem tanzenden Fluss,
Stromaufwärts
schwamm ich
zu den Quellen der Träume,
zur Mitte des Ursprungs,
zu unser aller Sein.

Überdruss,
unendlicher Fluss
strudelte untenwärts
in kreisendem Zweifelguss.

Des seelischen Seins Pein
drängte sich in
langatmigem Genuss,
blickend dem verfehltem
Gottes-Aufschluss
ins Antlitz.

Ruhmlos atmeten wir
die Regungslosigkeit des Lebenden,
erstarrt in ihrem ewigen Fehlschluss
allerorts, an Himmels- und Erdenstränden.

Ermüdet tänzelte ich
zu den Klängen der Wellen
mit dem tanzenden Fluss,
es duftete nach Hoffnung,
nach sprunghaft wendendem Rückfluss.

Tief atmen wir die Gegenwart ein

und langsam die Vergangenheit aus,
die Regung der eigenen Seele
aufmerksam wir verfolgen,
geistig obdachlose sind wir,
die wir zwischen den Zeiten
wandern.

Wien, Mai 2013

# Das Licht

Tempel.
Es flossen Worte des Mitgefühls,
es klangen Töne der Barmherzigkeit,
in tiefstem Gutmensch Frost
herrschten Getümmel und Gewühl,
durchdrungen
von lascher Frömmigkeit, und
das Licht floss.

Es floss und floss
unaufhaltsam strömte dahin
bis es sich ins Dunkle verlor,
Nöte schwammen darin
bar jeder Trost
ihnen entwuchs
weinender Feuerwirbel
lodernd schlagend zum Himmel empor.

Im Sog flackernder Kinderaugen
kletterte ich der Sonne zu,
es waren Licht und Schatten
getrennt durch Stacheldraht.

Beiderseits
sah ich Gesichter,
beiderseits
trist und finster,
allerseits aufeinander bedacht.

Diesseits traurig-düster
in Zelten untergebracht

bei leisem schmerzschreiendem Schmacht
nach Geborgenheit und Eintracht,
jenseits grimmig-düster
mit Helm und Gewehr bewachend
alle Festungen der Macht
mit höchster Obacht.

Undurchdringlich
ist der Tag,
unüberwindbar die Nacht.
steinhart das Brot.

Verschleiert die Aussicht,
doch ich sehe Gesichter,
trist und finster,
ihre Blicke liebeleer,
ihre Geister taub, ohne Begehr,
ihr Gewissen lasterhaft schwer.

Ich sehe Gesichter
traurig-düster
ihre Augen weinen Angstgeflüster
Mütter Kinder, Geschwister,
ihre Gemüter
mit Lichtstaubt bedeckt
den Drang nach Leben erweckt.

Draußen, die Welt
Allerorten, Zuschauerbühne
Worte des Bedauerns,
deren Sinn verstellt.

Mächte, groß und klein
in deren Zentren

erhaben über aller Menschen Pein
verhandeln
über Regeln fürs TÖTEN
über humane KRIEGSKUNST,
die den Lichtkindern
versagt des Lebens Gunst.

Wien, November 2013

# Wand

Wände, Wand
Weite, Tiefe, Leere, Land
durchzogen, durchbrochen
im Winde Gewand.

Länder, Land
Blute Brand
Blutgebrannt
Bar jeden Widerstands
Entsagt allem, was besteht und bestand.

Hände, Hand
Lange Finger, Räuberband
Augen gierig nimmer satt
Geist verdorrt im Rausch der Tat
morallos wandelt Verstand
im Klang der rauen Macht.

Wien, Dezember 2013

# Schwarzer Stern

(gewidmet Nelson Mandela anlässlich seines Todes)

Golden
ist die Farbe der Sonne nicht
Schwarz, in der Farbe von Afrika
strahlt sie voller Licht
Reich an Hoffnung und Zuversicht.

Ein Stern ging auf
schwarz
er hieß Mandela.

Ein Komet zog am Himmel
schwarz
er hieß Madiba*.

Hungrig nach Regenbogen,
der Farbe der Freiheit.

Durstig nach Klang des Gleichseins
sich sehnend
nach dem Fall der Apartheid,
das erschreckte sie, den Apartisten
die Macher von Kummer und Leid
nicht dulden wollten sie
Mandelas Weg mitnichten.

Verbieten wollten sie ihm
das Flüstern,
dem schwarzen Stern.
Entsagen wollten sie ihm

das Strahlen,
der schwarzen Sonne,
schneiden wollten sie ihm
den Schweif,
des Regegenbogens Kometen.

Doch er
hörte nicht auf zu flüstern,
ließ nicht ab zu strahlen,
und den Kometenschweif
konnten sie ihm nicht schneiden.

Er zog zum Sieg durch die Zeiten
ohne Angst und bescheiden,
streifte die Geister und die Herzen
mobilisierend die Massen
Triumphe errungen
über Furcht und Schmerzen
über Trennung der Rassen.

Schwarzer Stern
du hast uns verlassen und die Welt
zurückgekehrt zur Mutter-Sonne
öffnest uns das Tor zum Licht
den Geist und das Herz
hast du uns erhellt.

Gewährt hast du den Menschen
die Lebenswonne
ein Gigant der Geschichte,
dessen Feuer nicht erlischt.

Durch deinen mühsam
bestrittenen Weg

hast mit Frieden gesühnt
der Ächtung Sakrileg
zuschanden hast gemacht
des Apartisten Privileg
Ade, Ade! Edler Panther
Afrikas aller Zeiten Geist
Der du uns ewig
deine Seele zuweist.

Wien, 5. Dezember 2013

* Mabida = der traditionelle Clanname von Nelson Mandela

# Uferführung

Wind,
stößt Richtung Ufer.

Wasser,
schlägt Wellen.

Gras, Busch, Blumenhalme
tanzen im Takt danach.

Ringelnatter
schlank, rank
schwarz-grau, gelb gekrönt,
im Regenbogen gehüllt
schlängelt sich geschmeidig im Wasser,
graziös schwindet
im Grasbusch.

Wien, Juli 2014

# Kleine Liedführung

Für Euch
Ihr Kinder dieser Welt
hab ich ein Lied gewählt
ein Lied, das hat
    weder Zeit noch Gesicht,
    doch von Liebe
    und Geborgenheit gibt Bericht.

Ein Lied, das
    eure kindlichen Seelen anspricht,
    euren Willen nicht bricht.

Klangvoll, heil und schlicht
sanft wiegen soll es euch in Zuversicht,
bannt von euch
Entbehrung und Verzicht.

Für euch,
Ihr Kinder von Licht
bitte ich die Sonne, mit ihrer
allgegenwärtigen Draufsicht
über eure Lebensbahnen
buntfrohe Regenbögen zu spannen.

Ihr, des Lebens wertestes Lied
der Menschheit Erfüllung, der
Menschen Seelenfried
kleines Wesen,
als großer Geist uns erlesen,
Dank dem Sein, das uns
euch als Engel beschied.

Euch darf keiner
nach eigenem Sinn formen
Ihr gehört nicht  in Schubladen
von Regeln und Normen
Ihr seid die Liebe, zu der wir
mit eurer Geburt
emporblicken,
nicht Maschinen, die nach
unseren Wünschen ticken.

Wien, Juli 2014

# Flug MH17* - Todesduft

Raum.
Blau, das Gewölbe über der Erde,
unsichtbar
durchspannte Sternenherde,
belauscht argwöhnisch eine
latente Drohgebärde.

Raum,
breitet sich unten
bar jeder Beschwerde,
heiter tummeln sich die Leut
nicht ahnend
die am Himmel lauernde Fährde.

Schnell posten,
erinnerndes Live-Bild ins soziale Netz,
auch Nachricht,
ätzend und voller Hetz.

Zeit,
gleitet still voran,
eingebungsblinde Passagiere
steuern drängend das Flugzeug an.

Heb ab.
Steil hinauf in den Himmel,
zurücklassen das da unten
herrschende Gewimmel:
höher-
empor rasen immer und immer
verschwinden aus den Augen

116

in des Firmaments Dämmer.
Der Sonne nah.
Schwer schwebt vorwärts
das Zeug in der Luft,
beherbergt in sich Menschen
wie Nichtlebende die Gruft,
versiegelt der Distanz und
der Zeiten Kluft.

Eifrig angepeilt die ersehnte
Zielankunft,
doch in der Ferne naht geruchlos
der Todesduft.

Blitz.
Grell und wild zischte heran,
gesteuert
von Menschen frecher Hand,
peitschend die Luft
unaufhaltsam fortan.

Rakete.
Im Nu sie sich in der Gruft befand,
löschte Leben, hunderte Seinsbestand.

Und Er.
Der Täter im Hinterland,
sah seine eigene Schand,
aber kein bisschen Reue er empfand.

Ukraine,
deine Erde ist rot – blutgefärbt,
welch von

hinübergegangenen Seelen
geerbt.

Tores,
deine Felder brennen,
mit ihnen Menschen, die
sich vom Irdischen trennen
mit Flammenflügeln
den Flug hinüber ausdehnen.

Die Botschaft:
„Shame to Humanity"
„Schande für die Menschheit",
die Welt ihm zugesandt,
als Schandtat ihm zugestand.

Wien, 20. Juli 2014

* Flug MH17 = ein Linienflug der Malaysia-Airlines von Amsterdam nach Kuala
Lumpur, dessen Flugzeug Boeing 777-200ER über Ukraine abgeschossen wurde.
Dabei kamen alle 298 Insassen, darunter 80 Kinder, ums Leben.

# Sinnesstarre

Ihre Geister.
Sie besitzen keinen Körper,
haben keine Sprache, sondern schwarzes Geflüster
wohnen im NICHTS,
ihr Gemüt Paternoster, und
tragen leblose Entscheidungen,
einmal auf, einmal unter.

Ihre Sichten.
Sie sind blind, weisen keine Augen auf
eng wie ein Nadelöhr,
besiedeln finstre Nächte zuhauf,
verharren in der Trägheit der Zeit, und
erfassen nicht des Zusehenden
steten Lauf.

Ihre Zungen.
Sie schmecken nichts,
bitter herb sind sie belegt,
Sinnestäuschung
ist ihnen in die Wiege gelegt,
Sprachgebrauch - Hemmung, und
Kaum etwas bewegt.

Ihre Ohren.
Sie hüllen sich in Stille,
ihr Gehörsinn befallen
mit der Schweigsamkeit Bazille,
Stimmengewirr - Widerwille
schwarz sind ihre Worte, und
nehmen das Leid

der Leittragenden nicht wahr.

Ihre Nasen.
Sie riechen nicht den Duft der Rose,
scheuen der Gerüche Getose,
haben für Gutes nicht den guten Riecher,
zum Trug und Grau der Bösen hingezogen
gar große Kriecher, und
so lautet ihre stete Profilprognose.

Wien, August 2014

# III. Worteschwebe

# Eichenbaum

Es war einmal ein Eichenbaum
gedeihend in Zeit und Raum
die Augen ausweinend beklagte er
den Himmel und die Erde
den Berg und das Tal
den Hirten und die Herde
und der Menschen giftig gedeihende Qual.

Sie atmeten und atmeten
blau, gelbgrün den Dunst,
Rauchwolken
in aller erdenklichen Mischkunst
vergiftend,
vernichtend,
verhauchten ihnen das Leben bleich und fahl.

Unter dem Eichenbaum
lag ein Säugling
neben einer Frauengestalt
die Hand
an einer versiegten Brust haftend
die Augen schwarz-blau verfärbt
blickte er
gegen den Himmel leblos und kalt
verschreckt, doch zärtlich
sich pressend an seiner Mutter
streckte er die andere Hand geballt.

Es war einmal
eine Kirche,

eine Moschee,
an deren Altar,
in deren Gebetsnischen
Kreuz und Koran
erzählten von Gottes Ehrfurcht
und Menschlichkeit
Sie sprachen zu Gott,
doch Gott war ein taubstummes Ding,
ein Phantom ohne Laut und Gestalt
Gott und Engel
rochen verbrannte Häute nicht
hörten das Geschrei
dröhnend zerbombter Erde nicht,
sie spürten den Durst
der mit Gift und Beton
versiegter Wasserquellen nicht,
sie sahen, hörten und ahnten
die Massenvernichtung der Kurden nicht.

Es war einmal
ein Verein
der hieß -
die Vereinten Nationen,
er war
ein anthropologisches Museum für Rassen,
die sich Politiker und Staatsmänner nannten,
er war die Börse,
wo die Tragik der Menschen
mal hoch, mal tief gehandelt wurde,
Mikrophone und Lautsprecher
sangen in deren Räumen
das Blut der Kurden
zur internationalen Hymne
der Weltsolidarität

sprich „Staatensolidarität".

Es war einmal
eine Organisation,
die hieß -
die Vereinten Nationen
in den Diplomatenkoffern ihrer Vertreter
warteten auf Unterzeichnung
Verträge über Errichtung von Anlagen
zur Herstellung von Giftgas
Hier wird der Frieden für die Kurden
jeden Tag erneut umgebracht.
Unmenschlich, illegal -
sagte die Öffentlichkeit,
nur harmlose Pestizide -
die man an den Diktator verkaufe,
sagten die Regierungen,
ist schon in Ordnung -
sagte ihr Gewissen,
denn Waffenverkaufen
gehören zu unseren Bedürfnissen.


O du kleiner Säugling
unter dem Eichenbaum
in deinen kleinen Händchen
springen Sternenknospen auf,
in einer dunklen Nacht
streust du sie
über der Hoffnungen Leichnam.

Die Sternenknospen
gediehen zum heiligen Efeu,
kletterten der Sonne zu,

auf dessen jedem Blatt
trugen eine Frau, ein Mann,
     ein Kind, ein Kurde,
     ein Dorf, eine Stadt,
     ein Berg,
     ein Tal aus Kurdistan
ihre Leiden ein, in voller Gestalt,
in einem Bund vergifteter Wolken
tragen sie sie vor den Thron Gottes,
der, wie wir wissen,
blind, taub, stumm alles wahrnimmt
und sich darüber erfreut.

Wien, Mai 1983

# Heimat

Man fragte mich,
woher ich komme!
Ich bin Kurde, sagte ich
– Kurde! Wiederholte man nachdenklich.

Kurde? fragte man erstaunt!
- Was ist das?
- Ist das eine Religion?
- Ist das eine Sekte?
- Wo ist deine Heimat?
- Welchen Staat,
    welche Regierung nennst du dein?

Die Antwort im Sinn erstarrt,
doch lebendig der Traum!
Meine Heimat ist KURDIA,
ihre Hauptstadt KURDOPOLIS.

Meine Heimat ist
ein Brautpaar aus Berg und Schnee,
sie ist Tempel für einen Frieden,
der vor der Geschichte Tor
ans Kreuz geschlagen worden ist.

Die Flagge meiner Heimat
ist blutrot
mitten darin
eine weiße Taube,
die eine verwelkte Ähre im Schnabel hält.

Meine Heimat hat keine Armee,

denn ihr Volk
will keinen Krieg.

Meine Heimat
heißt KURDYA,
ihre Hauptstadt KURDOPOLIS

Wien, September 1990

# Kehrwirkung

Sie kamen,
bemächtigten sich meines Körpers
am Ende schien ihnen
ihr eigener Körper lästig.

Sie wollten mir Reue einpflanzen,
wurden selbst von der Reue geplagt,
bis ihnen die Selbstverwerfung
als ein einziges,
in den All starrendes Auge
ans ganze Gesicht zuwuchs.

Sie wollten mein Gesicht
durch Folter, Furcht und
unheildrohende Parolen
schänden,
zum Schluss
verwandelten sich ihre Gesichter
zu einem „wie von Blitz und Hagel
verwüstetes Feld".

Wien, Februar 1996

# Erinnerungen

Sie wollten
von meinen Erinnerungen,
meinen Ängsten und
meinen Hoffnungen Besitz ergreifen.

Sie wollten damit,
die in ihnen entbreitete Leere ausfüllen,
sie fielen über meine Erinnerungen,
meine Ängste und meine Hoffnungen her,
folterten und vergewaltigten sie.

Meine wachgequälte Gedächtniskraft
dehnte ihre Leere
in die Unendlichkeit aus,
meine Ängste
flößten ihnen neue Ängste ein,
und meine Hoffnungen
verwarfen sie in die Hoffnungslosigkeit.

Wien Februar 1996

# Sternenkinder

Himmelblau
stieg in uns die Hoffnung empor
mit unseren zerkratzten Händen,
mit unseren
von Pulver der Gewähre verfärbten Fingern,
griff sie nach den Sternen, und
pflückte sie in Sträußen,
    überreichte sie den Entschlafenden,
pflückte sie in Sträußen
    streute sie über
    die nach dem Leben Haschenden,
stellte sie in VASEN
    für die im Dunkeln Tappenden.
Dem Feuer gediehen die Sterne
    dem Kriegsfeuer
    verbannt in die Urferne.

Oh Kurdistan –
erloschen werden sein die Flammen,
    der Gewalt Flammen,
wir sind Kinder der Sterne
und uns werden sie zufunkeln, und
unsere Seelen mit Sternenstaub sprenkeln.

Uns -
spalteten sich die Sterne auf,
sprühten ihre Lichter über uns herab,
Weltensplitter küssten uns sanft;
hell -
schweiften wir den Sternen zu
begeistert und entkrampft.

Wir schwammen im Lichtermeer,
und schwammen, und schwammen,
und Lichterschwaden durchleuchteten uns,
und Ihr kamt von dannen
gleich dem schwarzen Loch im All,
verschlangt uns und
verschlangt unsere Hoffnung
samt dem Lichtermeer,
dem Lichterschwaden.

Wien, Oktober 1996

# Todes furchige Stirn

Ergriffen.
gewahre ich
„Yom Hashoah" im Geiste.

Betreten.
Sinne ich
die „Shoah" im Herzen.

Juden
    in Auschwitz,
Juden
    in Dachau,
Juden
    in Mauthausen, Tausende
    Millionen, Zahlen des Grauens
    Symbolchiffre des Mordes
    meißelte die Geschichte in des Morals Stein.

Tag ein, Tag aus
wandelnde Gestalten, Gesichter, Geister
gehüllt in gestreiftem KZ-Gewand
Leid tragend, Leid sprühend
Leid saugend, geteiltes Leid, verdoppeltes Leid
vervielfachtes Leid,
alles als gelber Stern auf die Brust gestempelt,
als schwarzer Stern ins Gedächtnis gebrannt,
als Last hinter sich geschleppt, vor sich geschoben,
das jüdische Leben und sein Maß an Leid
brachte hervor das Erwachen.

Frostig.

Barfuß, knochig, mit gefurchter Stirn
formten sie das Leid zu Feuerbällen
und bewarfen damit den Gott
in der Früh, zu Mittag und am Abend und
in der Nacht.

Segen.
　　Doch der Gott regte sich nicht,
　　er brachte Segen nicht,
　　er war starr vor Leidlosigkeit,
　　getrübt, blicklos die Sicht.

Begraben möcht ich sein
　　in der Arglosigkeit jener
　　Mädchen,
　　und Buben und Mütter, und
　　Väter,
　　die unter den Tod regnenden Brausen
　　qualvoll sich vor Krämpfen windend
　　das Sterben inhalierten,
　　es in sich begruben,
in deren Arglosigkeit möcht ich sein begraben,
damit ich weiß zu schätzen,
des Lebens heilige Gaben.


Verschmolzen möcht ich sein
　　in den stummen,
　　farblosen,
　　grell-bleichen Geschreien
　　tausender vergewaltigter Frauen von Sarajevo,
　　die von der Welt und von Gott
　　ignoriert,
　　nicht gehört wurden,

darin möchte ich sein verschmolzen,
damit ich
die Lautlosigkeitsmauer der Welt
durchbreche.

Benebelt wurde mir die Seele.
   in Oberwart,
   als leuchtend rotes Roma-Blut
   aus ihren Adern sprühte,
   Blutsprühen, die
   einer Offenbarung gleich
   das Antlitz Gottes ohrfeigten,
   sein Gemüt aber keineswegs trübten.
Davon möchte ich benebelt sein,
damit ich den Blutrausch der Täter
klar sehen kann.

Wandel.
   Sinnesgleich möcht ich
   gewandelt sein,
   in den Schmerzen der Kurden
   aufgehen, die seit jeher
   durch Aller gewaltige Hand
das Leid rezeptfrei
verabreicht bekommen,
darin möchte ich aufgehen.

Schicksale.
   Jüdische Schicksale,
   Kurdische Schicksale,
   und Schicksale aller Menschen,
   die durch Übermacht
   rassenbenebelter Anderer
   zu machtlosen Verfolgten

deklariert werden,
diesen Menschen gilt
meine Einfühlungsgabe.

Wien, November 1997

Namensverzeichnis: *
Yom Hashoah   = hebräisch: Tag des Gedenkens an Shoa
Shoah = hebräisch (שואה): Holokaust

# Die kurdischen Schergen

Aus dem Horizont
hinter den Bergen,
wo sich lauernd verbergen
die kurdischen Schergen,
geht euer
schmerzbeladenes Lachen auf,
steigt euer
vom Tod berittenes Erwachen auf-

Gelbe, grüne Fetzen
auf Halbmast stehend
betränkt von euren Tränen
bleichend in der Farblosigkeit
bewerfen euch mit
zum Leben
immer enger werdendem Raum,
      enger werdender Zeit,
      enger werdendem Traum.

Tief gräbt sich in euch das Leid ein
und damit in mir euer Sein.

Wien, November 1997

# Land auf der Flucht

„Qandil" - O ungreifbar, o erhaben
in dir brodeln begraben
die Zeit und des Schmerzes
magmagleiche Ungaben,
belauerst mit Andacht
der Kurden ewig schlafendes Behagen.

O „Qandil" - aus dir brach
ein Fels heraus,
himmelaufwärts verließ
das heimatliche Haus,
tragend der Botschaft Schauder und Graus.

„Handrén", - O eisern, o beharrsam
von Klüften und Schrunden gezeichnet,
gar nicht zahm
Heere vermochten nicht,
dich zu bezwingen
war es dir daran nicht gelegen,
zu sein fromm und fügsam.

O „Handrén" - eherner kosmischer Thron
kometengleich, aus deinen Wunden
raste schleuderhaft ein Fels davon
mit gellendem Überton.

„Piramagrún" - O Schneegeist, o Gipfel-Greis
verhüllt in klirrend tönendem
ewigem Eis,
welch zieht hangabwärts
still und leis,

treibend der inneren Erde Schweiß,
starrend zu weißen Wunden
im immer kehrendem Naturkreis.

O „Piramagrún", ö Götter frisches Frohlocken
aus deinen Rippen
 Schmolz ein Gletscherbrocken,
und floss den Bach hinunter,
und verflog zum Himmel hinauf
in des Kreises
sich kehrenden Umlauf.

O Berge der Anmut,
eure Schönheit geht unter im Unmut
mit eurem Verdruss
entfacht auch des Volkes Missmut,
Ihr allesamt kehrt der Heimat den Rücken
Entflieht den kurdischen Schergen,
die euch stets zergen
euch lebendig zwängen
in Luftsärgen.

Ihr flieht.
Wohin?
hierher, dorthin, über-all-hin,
ins Exil, in das fremde Land
durchdringend
die undurchdringliche Wand
im Nirgendwo,
zwischen Hoffnung und Verzweiflung
aus dem kein gutwilliger Hoffender
jemals entfloh.

Halte Abstand,

zum mildernden Umstand.
Flieg davon, verlass die Erde,
der du zugeboren
lösche zunichte die Fährte,
die in dir zum Unheil gegoren.

Dort daheim, dort
in den Parlamentssitzen
Geister sind erkoren,
die sich auf Beute spitzen,
verschleiert in Lügen-Schwitzen.

Selbst einmal Verfolgte
heute die Untertanen triezen,
Sinn für Recht und Unrecht verloren
dem Heimatraub verschworen.

Dort in ihren Gebetsnischen,
wo die Gottesworte kriechen,
sie kriechen, um die Seelen zu bischen

Und die Schlangen kriechen auch
sie drohen und zischen
Gotteszorn-Karte anzeigend,
wenn wir nicht gehorchen,
so haben die Gottesleute gesprochen.

Rotfeucht
sickert in der Machtgehabe Sand
das Blut und der Schweiz von
geplagter Menschenverband.

Das Kurdenland
steht als Pfand

in der Hand
Von Räuberband.

Das Kurdenland
verwandelt in das Ödland,
die Hoffnung weht dahin
bitterkalt,
zerschellt
in der Unrast der Unordnung
geweiht dem Seelenspalt.

Aus den Alpen -
    Aus den Anden -
        Aus Mount Everest-
entblößen sich Felswände,
treten ihren Weg an,
zum Empfang der Leidgenossen Leiden.

Die Alpen -
    Die Anden -
        Der Mount Everest -
Quellen unendlichen Kraft
stehen stramm in der Lüfte
speisen euch mit kosmischer Macht
die Worttoten, die Denktoten,
die Lauttoten bedacht,
in denen das Leben
sprüht noch Düfte.

Duft der Wiederkehr.
    Kraft der Wiederkehr,
        Macht der Wiederkehr,
geliehen und vollbracht.

O Geist der nichterbarmenden Übermacht
nah ist dein Ende,
ein Land mit Berg, Luft, Wasser und Mensch
ist aufgewacht,
Feuer der langersehnten Freiheit
Ist in Ihnen entfacht.

Wien, August 2007


Namensverzeichnis:
Qandil        = Eine Bergkette im Irakisch-Kurdistan
Handrén       = Ein Berg im Irakisch-Kurdistan
Piramagrún    = Ein Berg im Irakisch-Kurdistan

# Elegie für Shengal

Heimgesucht
am helllichten Tag, aus dem Dunkel
von dunkler Macht
von unweit hergebracht.

ISIS – Die Plage
ereilte unversehens Shengal.

Die Wacht
aufgegeben, feige das Feld geräumt,
verfiel der schützende Wall.

Glänzende Augen,
gestaute Angst
starren bange in die Luft.
Bezwungene Körper, Kind-Mann-Frau
am Boden liegen, auf den Rücken gefesselt.

Nachtschwarz gekleidete Wächter,
Plagegeister
gewaltig wachen über sie,
über ihr Warten auf den Tod,
über ihr Lebendigbegraben.

Trostloses Warten
rau, wach leuchtet einher
heißhungrig
stürmisch
tasten sie, tasten wir
dem Übermut hinterher
behagend, unversehrt.

O, Yeziden – das edle Volk
das ist meine Elegie für euch
eine Anklage gegen die,
die euch verrieten, und
die ewige Verdammnis für die
Krieger Gottes.

Wien, 09. August 2014

Namensverzeichnis:

Schengál  = Region, Berg und Stadt im Irakisch-Kurdistan. Die Stadt wurde von der Terror-Miliz „Islamischer Staat" angegriffen, eingenommen, deren Bevölkerung massakriert, vergewaltigt und tyrannisiert. Später wurde die Stadt von den *Peshmargas* (den kurdischen Volksschutzeinheiten) zurückerobert.

# ABZ des Krieges

Krieg ist **absurd**
der Menschen leidvoller Abgrund
   Kriegsführer, verfallen
   in pathologischen Moralschwund.

Krieg ist **böse** und **brachial**
lebensfeindlich und bestial
   Kriegsführer sind Mörder, asozial.

Krieg ist **dumm**
vernichtet der Menschheit letztes Trumm
   Kriegsführer nehmen Geradlinigkeit
   krumm.

Krieg ist **Elend**
Menschen Seele und Leib quälend
   Kriegsführer, Schmerz und Leid
   schwellend.

Krieg ist **falsch** und **Friedenfeind**
Inferno, das das Leben verneint
   Kriegsführer – Bestien, an ihren
   Interessen angeleint.

Krieg ist **gruselig** und **gnadenlos**
Gegen jeden Anstand Verstoß
   Kriegsführer – Sonderspezies,
   in ihrer Brutalität gestadenlos.

Krieg ist **hässlich**
Tödliches Werk, grauenhaft und grässlich

Kriegsführer – wortstumm, tätlich

Krieg ist **inhuman**
Der höchste Zerstörungswahn
Kriegsführer – sie huldigen nicht
der Thora, der Bibel und dem Koran.

Krieg ist **Joch** auferlegend und **jähzornig**
macht den Lebensweg wüst und dornig
Kriegsführer - Ihre Selle undurchdringlich,
hornig

Krieg ist **korrupt** und **kalt**
wirbelt in sich die Spirale der Gewalt
Kriegsführer - sind halt durchgeknallt.

Krieg ist **Last** und **listig**
in seinen Zielen nicht edel, mistig
Kriegsführer – allfristig lästig

Krieg ist **maßlos machtbesessen**
In seiner Brutalität mit keiner anderen
Gewalt zu messen
Kriegsführer – **machtgierig** und
In ihrem Gehabe vermessen.

Krieg ist **niederträchtig**
stets **nachtragend** und zwar mächtig
Kriegsführer – in ihrem Denken
fehlerträchtig.

Krieg ist aggressiv **offensiv**
seine Wirkung zerstörungsintensiv
Kriegsführer – in ihrem Verhalten

exzessiv.

Krieg ist phobisch, **perfide**
hat Vernichtung unter seiner Ägide
   Kriegsführer – penetrant,
   Herren der Genozide.

Krieg ist **quertreiberisch**
gegen Frieden anergisch
   Kriegsführer – **Querulant**
   und cholerisch.

Krieg ist **rachsüchtig** und **rabiat**
wirksamer Verwüstungsapparat
   Kriegsführer – des Übels Aussaat.

Krieg ist **skrupellos** und **selbstgerecht**
selbstherrlich, der gerne rächt
   Kriegsführer – der Gewalt
   ergebener Knecht.

Krieg ist **trostlos** und **tödlich**
Dialog darin nicht möglich
   Kriegsführer – mit Wissen
   und Vorsatz böslich.

Krieg ist **unberechenbar**
**Untat**, moralisch **unvereinbar**
   Kriegsführer – unflätig, unbelehrbar.

Krieg ist **verbittert** und **verbissen**
Ohne Mitleid und Gewissen
   Kriegsführer – die Flagge des Hasses hissen.

Krieg ist purer **Wahnsinn**
beschert niemandem einen Gewinn
  Kriegsführer – beschränkt schlechthin.

Krieg ist **xanthippisch**
übel, leidsam und tückisch
  Kriegsführer – erbittert hadernd
  und zänkisch.

Krieg ist **zerstörerisch**
ungezügelt und mörderisch
  Kriegstreiber – Aufrüher und trügerisch.

Wien, August 2014

# Jenseitsgarten

Mauer.
Vor der Mauer
Mahnmal des Heimgehens
in den Boden eingesunken
umrahmt in marmornen Grabplatten.

Schlafende, beieinander Liegende
auf grünen Inseln
atmen Blumen,
zu Morgen,
zu Mittag und zu Abend
hören Stille, umarmen Ruhe.

Inschriften der Verewigung
von Wind und Wetter verwischt
kitten Vergangenheit
mit der Gegenwart
und die Zukunft hängt sich
daran.

An der Mauer.
Nistet die Zeit mit ihren Spuren
spröde und brüchig,
schattenlos den Geist berühren.

An der Mauer.
Entbreiten sich
Efeuranken allwärts
unstet kletternd
zurück zu den Schlafenden
heimwärts.

Hinter der Mauer.
Steintafeln aneinander geschichtet
Schatten ewiger Ruhe
gar nicht schaurig
Übergang zum Jenseits errichtet.

Wien, August 2014

Zeitfracht Medien GmbH
Ferdinand-Jühlke-Straße 7
99095 Erfurt, Deutschland
produktsicherheit@kolibri360.de